AUNQUE LA HIGUERA NO FLOREZCA

Odalys Interián

Editorial Dos Islas

AUNQUE LA HIGUERA NO FLOREZCA
© Odalys Interián 2019
© Editorial Dos Islas

ISBN-13: 9780999714959

Todos los derechos reservados. Esta publicación no puede ser reproducida, completa o parcialmente, ni registrada en/o transmitida por un sistema de recuperación de información, en ninguna forma ni por ningún medio sea mecánico, magnético, por fotocopia o cualquier otro sin el permiso previo de la editorial Dos Islas.

POEMAS PARA TOCAR A DIOS

La poesía de Odalys Interián, no solamente la de este libro admirable, Aunque la higuera no florezca, sino toda su poesía, parece tener como fin la búsqueda de una plenitud sin altibajos. Y es en la materialización de ese empeño como se multiplica su esencia prodigiosa (igual que Jesús multiplicó los panes) en tanto beneficio para el lector.

Según Aristóteles, los dos objetivos básicos de la poesía son agradar y conmover. Con tales premisas, él, junto a otros, le enmendó la plana a sus antecesores, los primeros griegos, quienes asumían el poema, ante todo, como un vehículo para expresar la verdad.

Sería difícil saber cómo se las arreglaban aquellos poetas de la antigua Grecia para establecer con certeza dónde estaba la verdad. Así que prefiero creer que se referían únicamente a la verdad intrínseca de la poesía, que tal vez consista en su capacidad para agradar y conmover. De modo que no veo claro el aporte aristotélico en este sentido.

En cuanto a Odalys, su verdad personal como poeta se perfila aquí mediante un singular salterio. *Aunque la higuera no florezca* es un libro de salmos, no en balde agasaja al rey David, uno de los principales o el principal entre los predecesores del salmo como género oratorio-religioso, y además el preferido de la poeta entre los personajes bíblicos. Es algo de lo que ella da cuenta desde el primer poema, en versos que rememoran: *El libro de los salmos/de David/que leía mi madre bajo el peral/y la nube.*

Así, pues, la poeta honra su estatus de religiosa, honra al credo que ella representa, al tiempo que no se limita para dar vuelo a otros asuntos que, aunque más mundanos y corrientes, forman parte por igual de las caras subjetividades del oficio. Explícitamente, *Aunque la higuera no florezca* está destinado a homenajear a todas las personas que hoy sufren alguna forma de persecución por su fe. Ello, desde luego, no le impide ser un libro para el mero disfrute de los amantes del buen verso, surgido de una de las más fecundas y originales voces de la poesía cubana de estos días, sobre cuyo panorama podría decirse, parafraseando a la Biblia, que son muchos los llamados pero pocos los elegidos.

Poesía en estado puro, casi virginal. Poesía contemplativa, que a veces discurre dulce, suave... y otras veces se despeña como impelida por los rayos del apocalipsis. Los salmos de este libro pueden ser indistintamente ardorosos, cáusticos o enternecedores, siempre con *la palabra en su desconsolada avidez/arrojada hacia los vértigos,* como precisa la poeta. Una palabra, agregaría yo, que es vehículo de la pasión y también del remanso.

Hay una música interior en todos los textos de la Biblia, una especie de convocatoria al embeleso. Y en esa música, tanto como en las palabras y en sus sabias enseñanzas, se afinca el casi milagroso poder de convocatoria que contienen las Sagradas Escrituras.

Esa misma música, especie de acento celestial, tipifica cada uno de los salmos de *Aunque la higuera no florezca*. Debe ser cierto eso de que el gran estilo se halla entre el poeta y su objeto, porque justo en la correspondencia entre el contenido de este poemario y el modelo escogido para darle forma, veo yo patentizado el gran estilo de Odalys.

He dicho ya que no me gusta explicar la poesía, por la sencilla razón de que la poesía no debe o quizás no pueda ser explicada. Pero si tuviera que resumir con una frase mi conclusión particular sobre este libro, lo más probable es que saliera del paso valiéndome de un salmo donde la poeta proclama: *Escribo para tocar a Dios...* Y es que leyendo sus versos uno se descubre bajo la impresión de que en verdad logra tocarlo.

José Hugo Fernández.

Palabras para encontrarnos.

El poemario de Odalys Interián se inicia con estos versos: *Este es el libro de las consolaciones / el libro de los días en su declinar /completando el número y la llamada los íntimos ayunos.* Es su manera de vincularse con lo sagrado, que es laboriosidad humana, y así poder hacerlo con lo divino. Sus poemas son una acto de lenguaje que tiene lugar una vez y que recomienza sin cesar. Porque hace sujeto. No deja de hacer sujeto. La hablante poética nos dice: *Algo está en la letra en el aire al borde del silencio. Tiembla el poema y yo y esta soledad que son todas las palabras. La luz en su diálogo describe el dolor y nos describe. Algo está zurciéndose acorralándonos lo imperecedero algo en su simulación Dios y la muerte.* Esto es algo que permanecerá latente a través de todo el ritmo de su escritura. Es su comprensión, su conexión desde la vulnerabilidad de lo humano que no la quiere abandonada. ¿Cómo navegamos o al menos reconocemos y mapeamos las distancias aparentemente imposibles de de caminar sin comprender lo sagrado? Hay algo en nosotros que queremos ver y entender, y algo que queremos ser acogidos, podríamos decir, ser sanados, tanto como protegidos; sin perder la idea de lo difícil o urgente que hay detrás de la necesidad humana. Enuncia: *Sigo atada a su nombre. Nada me hace retroceder. Nada relumbra más que las aguas del mar rojo divididas que la leche y la miel de la buena tierra derramándose.*

Somos seres humanos con nuestras propias agendas psíquicas y espirituales en cada segundo, también pasamos mucho tiempo respondiendo a las versiones imaginarias de un mundo que se nos presenta como tierra baldía, necesitamos que sea la palabra sagrada, es nuestra conexión con la divinidad. El verdadero mi

Odalys Interián

lagro de la palabra de Odalys es su exploración espiritualmente anhelosa. A veces, lo mejor que se puede hacer es entender de dónde proviene el anhelo: muchos de los poemas sobre llegan a ese punto. Esto también significa aprender a aceptar el hecho inevitable de descubrir el sufrimiento. Pero también puede haber una profunda apreciación por la posibilidad de la esperanza: *Alguien entra en la penumbra seduce con su tramo de sol vivo. El engendrado por ti el hijo de tu amor reconciliándonos.*
Cada poema es una comprensión que puede convertirse en un lugar para compartir aquello comprendido, o el camino hacia él. Y cuando haces eso, es algo vulnerable, de manera fundamental debajo de todo lo que podría hacer intelectualmente, es exponer a un ser humano a la humanidad de otro ser humano. Y cuando eso sucede de manera abierta y receptiva, algo transformador puede suceder, aunque sea brevemente. Hay valor en ver su búsqueda de otra vez, de algún, que muchos indagamos, el mérito está en una nueva forma: *existimos como quien espera olvidados de la muerte esperando otra libertad bajo el filón de luto empobrecido.*

El uso del lirismo es muy propio de Odalys y en este poemario, la hablante lírica nos recuerda: *Prohibir /prohibirnos como si se pudiera enmudecer las piedras las estrellas que van revelándote /el milagro vivo que es el hombre /la verdad que se ha vuelto inexcusable.* La oradora muestra su acto conciente, nos presenta una y otra vez sus actos de desplazamiento como capas geológicas que van desnudando sus matices. Los hechos y las verdades se articulan entre sí en esta colección, una y otra vez. La letra se convierte en el medio para navegar por un páramo, y como Celan, escribe en modo apocalíptico. No es fácil la realización espiritual: *nos dejan en la pira inaugural con las manos atadas nos ponen en el cepo bocabajo nos obligan a tragarnos las palabras.*
En un poema enuncia: *Imperdonable sería que llorásemos,* en otro, declara: *Dios es el último crepúsculo creciendo en su avalancha de claridad imparable.* A medida que se despliegan los

poemas , la poeta extiende, en una voz intensa, la súplica: *Déjame en la huella minúscula de todas tus ofrendas quiero ser libada.*

El mundo puede ser un desierto, pero no nuestra condición espiritual, los poemas recuerdan al lector que hay oasis en todas partes donde la divinidad habita y que se pueden construir "lugares humanos" a través de la oración a lo sagrado que contiene el mapa para existir en su sentido más profundo. El espíritu de la poeta, en ningún momento vaga perdido, en el tiempo sin tiempo, nos irradia palabras solemnes, salmos, invocaciones creativamente suyas. El lenguaje de los poemas rompen el tiempo, los nombres aluden de uno u otro modo a lo sacro para conectarse con lo divino, el lenguaje, que ocurre en el tiempo, se detiene y comienza a intervalos, una gramática de nombres heredados desde lo sagrado, parece entender que todo lo que está sin terminar, no comienza. Es el ritmo de su viaje a través de toda la narración poética. El asombro emerge a través de sus construcciones simbólicas y uno puede presumir de que se trata de quien ha sido testigo intensa de las lecturas bíblicas y que siempre permanece atenta: *Esperando hasta que esa marcha de agonías se detenga.*

Una de las recompensas de la muerte sería una liberación del sufrimiento humano. Pero el poemario está escritos para los vivos, no para los muertos, y de uno u otro modo el espíritu protagonista de la poeta, convoca la palabra bendita para aliviar el sufrimiento. De modo hipotético, podría señalar que, sin sufrimiento, el poema tendría una gravedad inferior, menos cercanía con lo sagrado. Así es que la poeta rompe y rompe el lenguaje, su narrativa, e incluso las acrecentadas claridades del viaje sanador. Sus poemas deberían leerse en voz alta o en voz baja, en la serenidad de los segundos, para escuchar su ritmo, sus sonidos y experimentarlos por completo. En el escrito el lenguaje se fractura, luego se aclara

Odalys Interián

de repente. El sufrimiento cambia nuestra perspectiva, como lo hace la muerte. Aparentemente, los mismos grupos de células que habitan la mañana y la tarde se comportan de manera diferente, y sin embargo atesoramos o enterramos o quemamos algo: no queremos quedar vacíos y sin destino: *Las palabras {agregaría, sagradas} nos encuentran, la frágil cordura del milagro.*

El espíritu clama, y luego trata de recuperarse en un cuestionamiento y torbellino del lenguaje, como si uno hubiera sido arrojado al infierno: *Al triste ángel que habita los gemidos /esa miseria que es la sombra. Ausencia es la luz encerrada en su masiva tempestad /la raíz armónica del silencio desangrándose.* Sus metáforas continúan sintiéndose aptas ya que la escritura existe bellamente en el momento, y no descansa en el significado establecido, y por eso, el asombro que provoca. Al ser afligido trata de darle sentido en la búsqueda de un nuevo estado. Las imágenes del libro están cargadas de significado: *Seamos como él aprendamos el secreto del ofrecimiento,* que llevan al lector a las preguntas esenciales del yo y su relación fluida con lo que lo rodea. Hay una investigación intensa de esta relación, y en el fondo, una interrogación de cómo nos relacionamos con lo divino. Leemos un recuento de los poderes de la palabra para abrazar una tierra o mundo inhóspito, un mundo donde tantos creyentes son perseguidos.

Pensar, sea poéticamente o filosóficamente, o en cualquier orden de pensamiento, es inventar pensamiento, e inventar vida, generar una propia historicidad. Y es por esto que un poema transforma. Nombrar, describir, no valen nada en el poema. Lejos de esto está el lenguaje poético de Aunque la higuera no florezca. Sus versos revelan su confianza en el lenguaje. Su ritmo es una forma-sujeto que renueva el sentido de las cosas y de los que se nos ha declarado o negado, que es a través de lo que accedemos al sentido que tenemos que sostener o deshacernos.

La poeta nos hace parte de ese movimiento. En su manera de escribir, el poema no es signo, se aleja de lo convenido. El poema hace de nosotros una forma de sujeto específico que no se sirve del lenguaje ni a la inversa, sino que deviene del lenguaje. El poema nos transforma en forma-sujeto. Ella nos introduce a la aventura de su voz; se manifiesta su relación con el mundo y con el universo: Aquí se repliegan los ángeles de la oscuridad los innumerables deshojes de las luces huérfanas.

Creo que es importante mantenerse apasionado, no rendirse a la apatía o la desesperación y ella lo hace de manera muy lúcida. Con maestría se nos relata: *Sigo en espera del buen samaritano que cure mis heridas de la palabra frondosa del buen salmo que taladre los desmanes de la sombra esa corriente náufraga en su abismal silencio.*

Pasamos mucho tiempo esquivando algo en nosotros que ya se sabe que es importante y verdadero. Odalys cada vez que puede detenerse para notar algo así y prestarle atención, se pone en contacto con ese algo esencial. La parte analítica de la elaboración de un poema tal vez crea un aparato o estructura para trabajar a través de las realidades espirituales tiernas y encontrar el sentido que tienen. Su libro debe ser experimentado, leído sin el impulso de dar sentido tanto como el impulso de rendirse y aceptar los giros del lenguaje y las imágenes de la autora. Se trata de disfrutar el viaje de la conciencia espiritual en búsqueda de lo sagrado que está más allá de lo religioso, su narrativa nos ofrece el cómo la conciencia deviene lenguaje. Es construcción de sujeto y su confianza en la palabra, donde el adjetivo es revelador de esto. Odalys no cesa de nombrar pero sin repetir lo que sabemos o hemos escuchado. Por eso, una de las tareas del lector es atender a sus adjetivos. Uno tiene que averturarse a leer más allá de los sesgos, creyente o no creyente, y examinar cómo nos vamos construyendo espiritualmente en un mundo con tantas ondulaciones: tristeza, desesperanza,

Odalys Interián

temor, alegría, ternura... Cada uno elije lo que le permite caminar estable; cada uno hace un ejercicio entre lo finito y lo y lo infinito; cada uno define su existencialidad. La poeta nos presenta la suya en su propio mérito, en la manera singular de trabajar el lenguaje y de asir un mundo. Tal vez sea elegía este libro, pero nunca incorpórea o sin esperanza, es afirmativa y viva; sus versos se sienten inmediatos, necesarios, y absolutamente novedosos. Este conmovedor trabajo considera cómo la conciencia espiritual encuentra consuelo en la construcción de un mundo poético, y la hablante lírica permanece de comienzo a fin: *Sobre los púrpuras tintineando sobre las rosas la sangre vertida del cordero de Dios.*

Eduardo Escalante Gómez.

VOZ DE TORBELLINO Y DE AGUA FRESCA

Oh, por amor de Dios,
no se estudia a los poetas. Los lees y piensas: Qué maravilla,
¿cómo lo ha hecho? ¿Podría hacerlo yo?
Philip Larkin.

1
Sin salir de su casa conoció el mundo. Esta paráfrasis del Tao Te Ching fue lo primero que me vino a la mente cuando la poeta Odalys Interián contaba que durante su temprana juventud, en La Habana, la única lectura que pudo frecuentar fue la Biblia, debido, principalmente, a la falta de otros libros que cubrieran sus gustos o expectativas. No sé si lo habrá dicho a manera de excusa o de humilde paliativo, pero en cualquier caso, aquella confesión resultó más que suficiente para comprender por qué en su cosmos poético predominan la luz, el torbellino, el caos... sustancias inflamables como el carburante nuclear. Aunque no son las únicas. Antes y por encima, en la primigenia, están las palabras conque la poeta asienta y comparte emociones, jugándose en cada verso su capacidad para expresar no solamente los misterios de la existencia. También el de la energía que genera esos misterios. Y es natural que tales sustancias le hayan llegado a través de la Biblia, que es el Libro de los Libros. De hecho, sin que ella misma lo supiera entonces, nada más necesitaría para encauzar el vasto y rico torrente de su poesía.
No es menester un gran esfuerzo de la imaginación para entreverla en su casa habanera, con diecisiete o dieciocho años de edad, buscando en las Sagradas Escrituras remedios para la tristeza, a la vez que consuelo para la soledad y fuerza de espíritu para enfrentar la marginación institucional y el indolente rechazo social que sufría toda su familia por ser religiosa.

Odalys Interián

Los caminos de Dios son inescrutables, advierte el Eclesiastés. Así que muy posiblemente Odalys no debió sospechar que mediante aquella aparente condena quedaba preestablecido su crecimiento como un ser humano con distinción mayor, la de poeta.
Leyendo la Biblia en una isla solitaria, Robinson Crusoe logró salvarse del horror y la locura. Odalys, solitaria en su isla, parece haber procurado, ante todo, alivio para sus agitaciones metafísicas. Robinson creyó hallar en aquellas lecturas una voz que le indicaba cómo sortear cada obstáculo dentro de tan adverso encierro. Si tenía que permanecer un largo tiempo allí, nada mejor para él que la búsqueda de alternativas para mejorar sus condiciones de vida. No creo que la poeta habanera se haya propuesto un enfoque semejante. Debe haber intuido que la única elección a su alcance consistía en abandonar la isla. Así que mientras Robinson exploraba con su lectura las coordenadas de la resignación, ella, sin buscar tal vez conscientemente algún desenlace en específico, se regocijaba encontrando recursos para dar salida a su luz interior y al caos de las palabras.

2
De la Biblia derivó el Quijote y han estado derivando durante siglos -hasta hoy mismo- las múltiples formas de lo imaginativo, lo poético y lo narrable. Nada extraño debe ser entonces que alguien que aspira a recrear su íntimo universo a través esas formas, encuentre en la Biblia, aun cuando no sea únicamente en ella, las herramientas idóneas. Se podrían contar con pocos dedos los grandes de la literatura universal que ignoraron ese surtidor inagotable. Y son menos aún los que estuvieron dispuestos a pasarlo por alto.
Desde los más antiguos a los actuales. Místicos y ateos. Apasionados creyentes y aquellos que acudieron a sus páginas sólo para impregnarse con la savia de un impar monumento de la literatura. Desde San Agustín, con su modelo de autobiografía

espiritual, hasta Faulkner escribiendo en un burdel aquellas novelas feroces e inmortales de inspiración bíblica. Desde los paraísos perdidos de Milton a los infiernos recobrados de Dostoievski.

Desde Dante o San Juan de la Cruz o las comedias religiosas de Calderón hasta el eterno condenado Franz Kafka.
Desde el alma laberíntica de Sor Juana hasta los dulces sonetos que Dulce María dedicara a Cristo. Desde el jodedor Quevedo hasta el amargo y triste Vallejo o el santurrón Eliot. Desde el Leviatán ballena de Melville, o el Fausto de Goethe, o las tinieblas de Lord Byron, hasta el óleo sagrado de Fina García Marruz. Del Espíritu Santo de Gabriela Mistral a la Sodoma y Gomorra proustiana...
Alguien con laboriosidad de hormiga ha computado más de mil trescientas referencias bíblicas en la obra de Shakespeare. Inglaterra tiene dos libros –sentenció Víctor Hugo-: la Biblia y Shakespeare; Inglaterra hizo a Shakespeare y la Biblia hizo a Inglaterra. Borges, por su lado, consideraba que los cuatro Evangelios del Nuevo Testamento, junto a La Ilíada y La Odisea, son las obras capitales de la humanidad. Y La Odisea hizo a James Joyce por conducto de la Biblia. Así como el Libro de Job hizo a Joseph Roth. Sin la reina Ester, Racine no hubiera sido uno de los mayores dramaturgos de su tiempo. Y sin aquel brillante repaso del Génesis y el Éxodo es imposible aquilatar la gran valía de Thomas Mann. No es razonable distanciar a La mujer de Lot de la excelencia poética de William Blake. De igual forma que Caín (más que Abel, no sé por qué) es inseparable como modelo y fetiche de no escasos genios literarios: Coleridge, etc...
Para que no faltase nada, se ha teorizado, con fundamento (el que le otorga, por ejemplo, el libro de Daniel) acerca de la Biblia como antecedente del relato policial al modo en que fue

inaugurado para la modernidad por Los crímenes de la calle Morgue, de Poe. De la Biblia, en tanto Libro de los Libros, vienen todos, y los que no vienen, van. Fue el primer libro impreso a gran escala con el sistema de tipos móviles, lo que es decir que fue el iniciador de la Era de la Imprenta. Y es también el libro más editado en todas las épocas, un singular longseller. Ningún otro le antecede en la mezcla ingeniosa de todos los géneros de la escritura y ninguno hasta hoy alcanzó su nivel de perfección en tal sentido. Asimismo no hay otro con su capacidad para abarcar todas las pasiones y manifestaciones humanas: amor, piedad, guerra, venganza, fe, odio, lujuria, traición, miseria, locura, ambiciones... Su influencia en el arte y la literatura universales es tan determinante como la que ejerce sobre la fe y la espiritualidad humana. En rigor, debe ser el libro más leído, o por lo menos el más conocido, el único que supera al Quijote en tanto libro que casi todas las personas mencionan aun cuando ni la mitad lo leyeran. Pero unos y otros lo tratan como a un familiar cercano. Que no en balde ha definido en amplia medida, y a lo largo de siglos, la identidad histórica y social de Occidente. Y también la literaria, donde es canon insustituible. Habría que tener el tiempo libre y la paciencia de un monje tibetano para enumerar la cantidad de obras maestras que ha incubado.

3
Lezama Lima, que era católico y neoplatónico, le aconsejó a Reinaldo Arenas que leyera la Biblia. Ignoro hasta qué punto éste se haya tomado en serio la recomendación, ya que tan pocas cosas se tomaba en serio. Pero es indudable que Arenas bebió también de esa fuente. En todo caso, a nadie más que a un poeta estratosférico se le hubiese ocurrido aconsejar la lectura de la Biblia en La Habana de los años setenta, donde era extraordinariamente difícil conseguir un ejemplar, ni a precio de oro, y donde educarse leyendo las Sagradas Escrituras equivalía a no ser considerado un buen patriota, cuando menos.

A lo largo de 45 años (1969-2014), la Biblia fue manzana prohibida en el desalmado paraíso fidelista. Ni siquiera la mayoría de los creyentes dispuso de un ejemplar a mano. Quienes estaban habituados a buscar la presencia de Dios entre sus páginas, tuvieron que adaptarse a identificarlo mediante la oralidad, de boca a oreja. Paradojas de la historia: los propagadores del libro más leído acudiendo a las prácticas proselitistas que desde siempre se vieron obligados a utilizar los representantes de los ritos de la santería cubana, considerada por muchos de ellos como una religión inculta y retrógrada, salvaje incluso.

No obstante, ni siquiera el carácter de ejercicio cuasi clandestino que llegó a tener la lectura de la Biblia en Cuba, impediría la existencia de poetas y escritores apegados espiritualmente a sus doctrinas. Menos frecuentes tal vez sean los no religiosos cuyas obras podrían estar marcadas por la influencia bíblica. Y aun menor es la cifra de aquellos que siendo religiosos y habiendo hallado en la Biblia una orientación de compromiso espiritual, tuvieron el tino de enriquecer su obra con la sabiduría y las influencias literarias de este libro, sin perder de vista que es su conducto para comunicarse con Dios, pero sin convertir el resultado de sus enseñanzas en artefacto doctrinario. Es algo que admiro particularmente en los libros de Odalys Interián. Y es también lo que se desprende de algunas de sus declaraciones públicas: *"Los que conocen mi obra saben que no hago proselitismo... Dios es en mí una forma de pensamiento, una disposición y un estilo de vida. Siento que no puede ser encasillado lo que lleva el sello de eternidad: la belleza, el amor, la verdad y la vida son temas que nunca serán agotados. Amo la poesía porque es un reino de libertad, que está en renovación constante, es búsqueda, descubrimiento, riesgos, impulso, avance, se alimenta de tiempo, de futuro...".* Santa palabra, sentenciarían nuestros abuelos, apelando a vox pópuli.

4

Razón tuvo el inmenso poeta inglés Philip Larkin cuando anotó que no se estudia a los poetas, basta con leerlos y pensar: qué maravilla, ¿cómo lo ha hecho?, ¿podría hacerlo yo? Así que ni loco me dedicaría a desmenuzar los resortes creativos de Odalys. Me siento más que encantando con el placer que prodigan. Tampoco me pregunto cómo lo consigue, ni de qué mágico modo ha logrado establecer en su interior esa franja de paz y eufonía entre su índole de cristiana devota y los demonios de la poesía. *"No hago separación: para mí, Dios y poesía se corresponden",* ha confesado. Y con ello zanja el asunto.

Si al leer sus versos yo la encuentro mucho más cercana como poeta que como devota cristiana, la limitación seguramente es mía. Aunque no me disgusta esa limitación, porque alimenta una certeza: la del privilegio enorme que tuvo Odalys Interián al verse abocada a iniciar su formación como poeta de la mejor manera posible, leyendo la Biblia. Eso la distingue entre el resto de los poetas cubanos que son además devotos cristianos, o al menos entre los que yo conozco. Su voz de torbellino y de agua fresca encarna el signo de los nuevos tiempos, junto, o más que junto, consustanciado con el fundamento clásico y la proyección cosmopolita que le dieron talla a nuestros poetas de épocas pasadas.

Naturalmente que también gravita a su favor la condición de exiliada, por mucho que contraríe a los patrioteros. Aunque todo escritor o todo artista -donde quiera que resida- comienza a exiliarse al dejar atrás la infancia. Pero es un hecho que aquella sólida formación que Odalys recibió en la Biblia debía disponer de nuevos y dilatados espacios para explayarse. Ella lo ha explicado en forma inapelable: *"Mi poesía era extremadamente intimista, apenas tenía lecturas de poesía y me eran desconocidos muchos autores. Escribía entonces para un público muy reducido, una poesía intelectiva, hermética, oscura y altamente simbólica. Luego hubo un estallido creativo desde mi llegada a Miami. Mi obra no ha dejado de ser intimista, aunque he ido incorporando otras voces".* A mí se me hace que esas otras voces que ha ido incorporando también pudo extraerlas de la Biblia.

Pero, en fin, creo que tanto a ellas como a los primeros balbuceos intimistas se refería la excelente poeta y ensayista Lilliam Moro, a propósito de la presentación de dos libros premiados de Odalys: Nos va a nombrar ahora la nostalgia, Premio de Poesía en Lengua Castellana "Francisco de Aldana", convocado por el Círculo Literario Napolitano; y Poesía para el único día nuestro, Premio "Dulce María Loynaz" 2018, convocado por el proyecto Puente a la Vista, en colaboración con el Club de Escritores y Artistas de Cuba y Neo Club Ediciones, de Miami. En esa ocasión exponía la poeta Lilliam Moro: *"La esencia de la poesía de Interián expresa, asimismo, la búsqueda angustiosa de una respuesta a una pregunta que no formula explícitamente en sus versos, pero que está latente en toda su obra: el sentido primero y último de la existencia a partir del vacío que ha dejado ese paraíso perdido que todos los seres humanos compartimos en nuestro inconsciente colectivo y que no se limita a un país, a la infancia o la familia, sino a una pérdida primigenia que es la esencia del sentimiento trágico de la vida".*

Miami, 25 de junio de 2019
José Hugo Fernández García.

Odalys Interián

Jehová me retiene
el mismo señuelo
el maná que no deja de caer
el ruido del sol
llenándome el sentido
el corazón como un higo
brillante   sosegado.

AUNQUE LA HIGUERA NO FLOREZCA

Con especial dedicación a todos los que son perseguidos por su fe.

Aunque la higuera misma no florezca, y no haya fruto en las vides; la obra del olivo realmente resulte un fracaso, y los terraplenes mismos realmente no produzcan alimento; el rebaño realmente sea cortado del aprisco, y no haya vacada en los cercados; sin embargo, en cuanto a mí, ciertamente me alborozaré en Jehová mismo; ciertamente estaré gozoso en el Dios de mi salvación.

Habacuc 3: 17, 18

*Allí donde crece Dios
la oscuridad es también un paraíso.*

Odalys Interián

Yo amo al padre

*Este libro de la ley no debe apartarse de tu boca,
y día y noche tienes que leer en él en voz baja...*
Josué 1:8

Este es el libro de las consolaciones
el libro de los días en su declinar
completando el número y la llamada
los íntimos ayunos.
El libro de las horas en sus deslumbres
y libres albedríos.
El libro de los salmos de David
que leía mi madre bajo el peral
y la nube.
El libro de las disposiciones
y la inocencia anterior
de las alburas del silencio
sobre el larguísimo aposento de la luz
y la rompiente oscuridad.
Aquí yace la última serpiente
aplastada por el versículo del génesis
aliviador.
Un jardín labrándose
bajo la nube
la congregada figura del aire
en el desierto
un nombre abriendo el círculo de clemencia
la vena tutelar de Dios.

Odalys Interián

Y fue la luz
y fue el desfile que revela
los espantos
los siete días presentidos
la liturgia sonora del verbo
en su origen
la palabra antigua
ordenando los enjambres
de ángeles.

Y fue el talón desgarrado
la semilla del reino en su germinación.
La mano de Dios consagrando al rocío
su bendición abierta.

Y fue el zarzal
ardiendo
el silencio y los abrojos
la tremenda oscuridad
el hombre desvistiendo
su feroz desnudez de despedida.

Algo está en la letra
en el aire
al borde del silencio.
Tiembla el poema
 y yo
y esta soledad
que son todas las palabras.

La luz en su diálogo
describe el dolor
y nos describe.

Algo está zurciéndose
acorralándonos
lo imperecedero
algo en su simulación
Dios
y la muerte.

Odalys Interián

Iba en la sílaba el veneno
la cicuta amarga del verano que agoniza
esa angustia de mundo que se duele
que le duele el aire y el color del aire.

Detrás las luces en sus muñones tranquilos
desangrando el silencio.
Iba la verdad.
El odio   / siempre la muerte
el ácido sonido de la muerte que llega
con su desgarradura.

Que introspección es la muerte
una palabra desordenadamente
perfecta   /hachando /trizando.

Nunca digas que es tuya la tiniebla...
la muerte es como Dios.

Habla verdad
quien anula la muerte
ya no será
ya no
lo irremediable
la ruptura de los nueve crepúsculos
después de su ascensión.

Éramos sin él
vaciamos la triste penumbra
nos dejábamos caer
en esa oscuridad mercenaria
de los días moribundos.

Éramos infieles
pero el amor es amor sin melindres
sin referentes inútiles /ni vacías retóricas.

Ahora el unigénito en su estirón de luz.
Encontramos claridad en todas sus palabras
la piedad que es después del silencio.

Ahora que corto resultará el camino hacia el edén.

Inconsolable el hombre

El hombre en su intangencia
y trasparencia minúscula
arriando la blanca podredumbre
la sinergia que sobrepasa su tiempo.

Ahora la verdad /los nuevos ímpetus
el alarde masivo de la sombra.
La palabra arropada en su fiebre
como un rebaño
en el silencio solo de una lágrima.

Ahora los diluvios   /la premura
un agua amortajada sobre siete silencios.
Y la inquietud del ángel
y los brotes violentos del reptil.

Ahora lo inconciliable
la sed que excede al mundo
esa bondad narcisista de la muerte.

*cómo nuestro genuino polvo de extranjeros
cabalga por las puertas de nuestra casa inexplorada.
Dylan Thomas.*

Toda felicidad es inocencia /dijo

El hombre conoce
el sonido bestial del tiempo
las luces que no se disfrazan
lo obsoleto del sol en su cuenco de visiones fatales
pero no conoce su pequeño corazón
los montes que se ciernen en él
los abismos que siguen
ahondándose
el desconsuelo que va
en su inútil semilla.

La luz en su color naufrago
crece y decrece
la voz en su desgarre
memorioso.

Somos hijos del pedernal y de la brea.
El desamparo es nuestro
las simientes libadas del dolor.

Odalys Interián

I
Estemos listos
por si el silencio nos convoca
la cíclope ternura de la luz.

Preparados
por si insistiera la muerte
y el tiempo inaugural
comenzara a nombrarnos.

II
Vaciémonos
del ruido que enternece
y la retórica
el corazón reboza
de frases
y dolores inútiles.

Ve como arde este rumor
en el corazón de las cosas
pero no te detengas
camina sobre esa luz que plantaron
para ti.

Oyeron que se dijo: no temas
ha llegado la hora del coraje.

Empínate
toca esa doctrina ilícita
que acompaña la sombra
se hará el tiempo solemne.

Inhala la hora de luciente esperanza
inhala la belleza frondosa del paraíso.

Odalys Interián

Escribo para tocar a Dios
para volver al parto
y descifrar el origen de la luz
el círculo acuoso de las primeras semillas.

Escribo para amparar(me)
para amparar esas espirales de mundos
desprotegidos.

Recorro la luz en su vértigo
en su goteo de espina
interminable
el hombre en su impávida cacería
de sueños y esperanzas.

Ahora que son interpretados
todos los acentos de la oscuridad...

Lo que fue volverá a ser.

Antes de ser engendrada
antes que goteara el Jordán primario de la luz
antes que espigara el lirio vivo de mi cuerpo
y se cubrieran los campos de cementera y nardos.
Antes de que el dolor comenzara en sus brotes
y el zarzal estrujado del invierno
reinara.

Antes que fuera derramado
el dulce cadáver de la tierra soñada
y la espiga lluviosa de mi padre
balanceara la estrella en su dársena sonora
un cielo izado sobre su médula infinita.

Antes que Dios abriera sus brazos
y comenzara a trazar el círculo acuoso
del silencio.
Antes que procediera a bendecirme
y entregara su energía a la palabra.

En el principio de todos los principios
estaba el amor   /la criatura del amor
en su florecimiento.

Odalys Interián

Como Huldá fui escogida
para decir ciertas palabras.
Cuanta noche en mi sangre
cuanto abismo llenando
el silencio de Dios.
Cuantas alas batiendo en el aire
esa suma de visiones
todas apocalípticas.

Ahora que la luz sigue gestándose
inmemorial
los muertos estrellados en el cálido
sargazo de la tumba.
Oye el alfabeto mercenario
que ellos estrenan
los ángeles repartidos
en la impenitencia de la sombra.

Hablo como profeta
espero hasta que arda la sangre
para traducir el silencio muerto de los peces
la colina amarga de la luz que va derramándose
el hombre en su fraguado desmayo de eternidad.

Lo que ves escríbelo /dijo
y escribí para el ángel
escribí noches
espantos que se leen
esa jauría nómada de la luz
en su creciente pasto.

Y fui llenando todo de preguntas
de silencios erráticos
de inmensas soledades.

Escribí tiempos
mundos en su asfixia primitiva.

Escribí: vive entre nosotros
una invocación
entre nosotros un exilio
la repetida ceremonia de la muerte
en su incesante cacería.

Odalys Interián

Toca esta lepra y límpiame
necesito que terminen de cerrarse
todas las mortajas de la luz
que se quede sin cuerpo
la llama devoradora de la muerte.

Ahora quiero ser yo misma Padre
no tener memoria de la luz
ni de los días fatales.

Que florezca mi palabra
límpida como los huesos
que le saltan al sol
como esas espinas que adornaron
las sienes de tu ungido.
Que sigan como maná cayendo
que revelen esa migaja ciega
y rotunda del silencio.
La nueva profecía.

La oscuridad es un camino y la luz un lugar y el cielo que no existió ni existirá jamás es siempre cierto.

Antes que llamaras Señor
antes que mis manos florecieran
en el vientre de mi madre
antes que estallara en su derroche
la luz y las palabras
fui hermana del silencio.

Antes de ser formada
antes que mis huesos se hilaran
en ese capullo del sol desmembrado
y rodaran al alto río de la vida.

Mi lengua afirmó deslumbradora
un rastro y su incendio.

Fui dueña de esa luz primera
de ese evangelio vivo
que llenaba tu nombre.

Odalys Interián

Esta verdad donde ponerla
estos pensamientos que entran y salen
y me delatan.
Si respiro la abierta profecía
si sigo en expectación
esperando
como las vírgenes sensatas
previsoras.

Aquí yazgo
la realidad es pequeña.
Dónde esconderme
en la profundidad de la almendra
que se aferra a la luz.

Si él ha dado la orden
nada podré añadir.
No podré detenerme
aunque este parado frente a mí
el ángel con su espada
desenvainada.

oh, tú el que eres gloria en los mapas informes,
tal como yo he creado de tu círculo en marcha
una gozosa imagen de los hombres.

Traza ahora desde mi ser al mundo
así como yo adorno el redil
ese paso lustroso de tantas soledades
que acompañan al hombre.

Palpo el lado blando de la sombra
los candiles /un excesivo sol
la osadía del verde sobre el árbol
desmedido de la noche.

Se queda en el trazo la ciudad
regada por el rojo apocalíptico
por los catorce vientos
que no florecerán.

Odalys Interián

Ha triunfado otro ay. La verdad está allí.
Vallejo.

Dios mío la cruz
el largo tramo andado
esos panderos de oscuridad
derramándose.
El plomizo reflejo de la luz
en su muérdago frío.

Recorro el tiempo prefijado
igual que a esta ciudad.
Recorro el enternecimiento del ángel
las palabras aprendidas de la Biblia
el lenguaje de una sola voz.

Estar cerca del sol y la tristeza
de la luz y el silencio
y quemarse.
Y mi fuego que no muere.
Sentir el llanto /los gritos de socorro.
Ver como se mueren
como siguen extraviados
como van en lenta caída
hacia el horror.

Jehová corta este tocón
los viciados gemidos de la luz
en su desgarradura.

Haz que no duerma el sueño
anonadante.
Todo se quebrará
todo se sumerge en esa ansiedad
pasiva de la muerte.

Sálvame y salva esta hora
en que el crepúsculo se cierra
y la luz se vuelve infértil
venenosa.

Deten esa modorra del silencio
y las cenizas.
La palabra en su desconsolada avidez
arrojada hacia los vértigos.

Odalys Interián

Como David he visto la mañana
en su semilla de oscuridad.
La luz que nace en sí misma
colosal y sangrienta.
He visto el odio dividirse
los dos reinos frondosos
del corazón.

Eso que despierta el lenguaje
es una sombra amarga
eso que conoce mi sangre:
el salmo íntimo
la absolución apetecible del Eterno.

Estoy entre los más odiados Señor.

Nadie podrá decir
que he sido un címbalo estruendoso
nadie dirá que fui costal de oscuridad
o de infidelidades.

Lo que soy que lo diga el amor
que el amor les responda.

Señor, he sujetado el ángel
a pesar de la herida
pero la luz se ha disipado
y el rastro del ángel
se ha secado en mi sangre.

Nadie creerá que he sido bendecida
nadie verá todas esas estrellas
que arman mi cabeza.

Son mis palabras clavos hincados.
Cuando hablo   /cuando digo verdad
ellos no creen.

No ven la frondosidad de la luz
haciendo crecer los árboles de la promesa
los ángeles de la ascensión
en su escalada
goteando el néctar de la vida
y de la muerte.

Amé Padre

Amé los trozos pequeños de la luz
tu silencio impulsándolos
también los rótulos soberanos
que trizaban las sombras.

Todo era tuyo
el pan /el sembradío en llamas
dentro la viña y el relámpago.

El hombre como espiga ofrecida
su corazón preñándose de vientos y raíces
de albas en su blancura elocuente.

Las cosas perdurables tuyas eran
el mar /la estación /la tierra toda.

Y yo amé lo que era mío
el llanto memorable
la vendimia lenta del insomnio
la tristeza en su más fiera desnudez.

> *No tengas miedo, porque estoy contigo*
> *Isaías 41:10.*

Quién me callará
ni siquiera el exilio o la melancolía.

Quién cortará la luz en su esperanza
lo que me sobra
tallo /sombra /flor
palabra.

Quién beberá mis ojos antes que estallen
la luz que está en mí
y hace añicos la flauta de lágrima lejana
el aire en su abierto crucifijo de blasfemias.

Quién se tragará mis palabras
el rollo amargo de esas luces
los tuétanos masivos que desfloran el sol.

Quién me negará tres veces
antes que el gallo cante.

Odalys Interián

El amor habla por mi boca
extiende un ruedo
anuncia.

Hay que bracear lejos de la sombra
alzarse en el nudo feliz
que ofrecen las tormentas.

Alguien vendrá de entre los muertos
Alcemos los panderos
las arpas de la conciliación.

Se extirpará el odio en su tramo vivaz
en su fija ceniza.

Y no me callaré hasta que se hunda el polvo.
Hasta que Dios en su desboque apocalíptico
fertilice la semilla de la muerte.
Hasta que abra la rosa en su mañana
y las nuevas auroras desbrocen los cantos.
Hasta que juntados todos bajo la misma luz
celebremos la vida.

Los heridos somos tanto Señor
vamos como los días náufragos
aniquilados en las nostalgias
sermoneados en el ruedo maduro
de visiones apetecibles.

Sigue el odio acorralándonos
los cuerpos de la ausencia
en su férrea mortandad.

Señor no nos dejes
en la franja vacía del amor
ni en la anchura inhabitable
de esta tierra.

Acógenos tú que reinas
en el tuétano libre de la claridad
que reinas sobre el cordaje interminable
del silencio.
Apaciéntanos en la heredad pasiva
de todos los crepúsculos.
Señor *en esta y en todas las oscuridades*
quédate con nosotros /Amén

Jehová todo lo que me has dado
la palabra en su candor
los cielos abriéndose al milagro
una esperanza nueva.
Las luces maduras del peral
el buen trigo derramándose en la vid
de las buenas promesas.

Y sigo aquí en mi pequeña soledad
extrañando las cosas que me faltan:
los hijos que siguen sin regresar
mis muertos en su aletargada penumbra
la tormentosa ciudad de donde escapé.

Por eso si miro atrás no me vuelvas de piedra
entenderías si añoraras también tú.
No me vuelvas estatua de sal
si sigo arrodillada
esperando que el pródigo regrese.

Haz que no duela el tiempo de la pérdida
que esta ciudad como la infiel Jerusalén
tenga su entierro.

Amor la palabra de todos
como una gran nodriza nos sustenta.

Maná que no termina de caer.

Amor en su agua clara
en su relámpago
en el ruido sin pájaros que arrastra
las luces y el sol.

Rocío sobre las uvas derramado
un concierto en su garra
mimando el corazón en su tormenta.

Amor que abre al perdón
su atizada semilla de rezos
empastando las luces.

Abriendo un surco en su esplendor
un tálamo de bienaventuranzas.

Odalys Interián

De la cruz
del madero de donde
saltó
hacia el destello
y la inmortalidad.

Del látigo a la herida
irremediable
del foso del abismo
hacia el esplendor definitivo.

Repartiéndose
él /el pan de la crucifixión
el bien amado por ti
lanzado
hacia lo insepultable.

Tú que subes
como un muérdago
incendiario
sobre la cruz y el altar
sobre los siete cielos
que esconden la semilla
del milagro.

Acuérdate de mí
cuando entres en el reino
de la prolongación.

Recuérdame
cuando me alcance
esa guadaña de oscuridad
o cuando el amor no resista
la pesantez exagerada de la luz.

Odalys Interián

Está sucediendo
muéstrate también aquí
Jesús de Nazaret.
Eres la verdad
que nadie puede aniquilar.

Diré las palabras
las benditas palabras.
Diré la náusea
el rastro unánime y desconocido
que invalida la esperanza.

Diré qué miedo se quiebra.

Mi pie avanzará como gacela
en el aire maduro de la tarde.
Mi dedo irá hilvanando un nuevo horizonte
escribiré el cruce unánime de la vida
hacia la totalidad del Todo.

De que temí, sí
de que fui débil
y caí muchas veces.
De que viví de rodilla
y crucé diluvios
vientos de tempestades
y fui recogiendo la letra
desovillándome
Paloma
bajo el gesto bárbaro
y deshonroso de la luz.

De que viví aniquilada
y hubo desgarrón   /desgarrones
y fui sujetada a la tiniebla
golpeada treinta y nueve veces
menos una.

Frágil como caña cascada
como mecha que humea
a punto de extinguirse.
Pero si preguntan Señor
diré que tu palabra
siempre fue candil en mi boca
llama viva que me hacía vivir
en el incendio.

Odalys Interián

Yo que veo tus ojos
que te veo
que oigo en el viento
el trazo hilado en las semillas
la tempestad que va pariendo el polvo.

Yo que te sé
muralla /crepúsculo vivo
señuelo.

Que me dejo acompañar por ti en esta hora
que ignoro la estridencia y las alarmas
el puñado de bárbaros creciendo.

Que importará el breve tiempo de temblar
que importará la ausencia
todo ese tiempo amargo de la luz
esa verdad más grande que la tarde y el silencio.
Que importará el disparo
el orden ineludible que disponga la muerte.

Como se va llenando el aire de ti
como se llenan mis ojos
con todas tus ofrendas.

Y sigo ajena a esa luna que hiere
las extrañas mareas del silencio
ese bosque que esconde sus pájaros
enfermos.

Tanta colina abierta
tantas palabras goteando
para mí.

Las patrias del amor despertarán
entonces.
Tal vez se quede un agua floreciendo
la orfandad de la luz
en su capullo y milagro.

Odalys Interián

Como la lluvia que va
a inundar todo de frescura
a limpiar los puros colores de la sed.

Como la lluvia que va solidaria
repartiéndose
y deja en el hueco de nuestros cuerpos
una memoria viva
y ya purificada
la pobre humanidad de este silencio.

Como la lluvia siempre y siempre
como la lluvia que vuelve a repetirse
que viene y libera y fertiliza
la semilla.
Así está tu amor en mí
incólume
salvándome.

Tomen lo que quieran de mí
tomen mi sangre y márchense.

Quitad la plaga de mi tiempo.

Llévense el mazo de palabras
contaminante
del pasado
esa cosecha de lágrimas
y pólvora
entierren en el fango
el devorante sol de las cenizas.

Yo sigo atada a su nombre.
Nada me hace retroceder.
Nada relumbra más
que las aguas del mar rojo divididas
que la leche y la miel de la buena tierra
derramándose.

SOY Y ESTOY PLANTADA

Bestia en el abrazo
y verso
viril en el deseo.
Mujer en la pureza sensible
repartiendo el pan
y la promesa.

Tanto pueblo en mi burbuja
tanto hombre abrazado a mi plegaria.

Y caben en mi verso los veranos
y soy reciente y peligrosa
es la luz lo que agrego y desagrego
y la palabra.

Sin Dios
la soledad me hace lucir un decorado.

Jehová está de mi parte entre los que me ayudan
Salmos 117: 6.

A los más de noventa hermanos que siguen detenidos en las cárceles de Rusia.

*No, no estaba bajo un ajeno firmamento,
ni bajo el amparo de unas ajenas alas,
estaba entonces con mi pueblo,
allí donde mi pueblo, por desgracia, estaba.*
Anna Ajmátova

*Dios le ha dado mucho al hombre;
pero el hombre quisiera algo del hombre.*
Antonio Porchia.

Odalys Interián

Estamos aquí
existimos como quien espera
olvidados de la muerte
esperando otra libertad
bajo el filón de luto empobrecido.

Esperando...

Pensaron dominarnos
pero nunca es nunca
definitivamente.

Estaba
en ese péndulo viciado del silencio
que resiste la memoria del agua
los infiernos vencidos de esas luces
en su monotonía
estrenando el cuerpo en su desidia
la verdad en su recitación.

Y era Dios /una pobre tormenta
en el rugido sordo de la fiebre
en el círculo de rutina de esa lluvia
que despereza las soledades.

Estaba en el pasto del tiempo inútil
resistiendo junto a los débiles
vendando sus heridas
sanando el tramo vacío de irrealidad
con que pocas palabras.

En la muerte no hay mención de ti.

Mañana me arrastrarán hasta el foso
apuntarán a mi boca
la llenarán de cenizas.
Untarán mis ojos con ungüentos
y me vendarán.

Me dejarán en el cepo cuarenta días
y cuarenta noches.
Pero no habré de preocuparme
entraré en tu libertad
en la blancura de ese sol incontaminado.
Mañana no faltará el salmo
las palabras de mi padre David:
Jehová es mi pastor...
Aunque ande en el valle de sombra profunda,
no temo nada malo, porque tú estás conmigo.

Mañana cortarás ese aire de muerte
el verdugueo   /la cizaña que crece
tanto fruto inservible.
Mañana será el roce único
la llamada
el mar y la luz
entregando a sus muertos.

La oscuridad sigue aquí
ha drenado sus hijos
asusta el bramido de tanta lujuria
el colmenar de bestias
derramándose
pero no tengo miedo.

Alguien cortó la niebla
los tramos de guijarros
que crecían
arboló los retoños de esas luces
en sus violentos desmayos.

Alguien entra en la penumbra
seduce con su tramo de sol vivo.

El engendrado por ti
el hijo de tu amor
reconciliándonos.

Escapé de los templos sonreídme

Soy reahallada padre
entre las cosas moribundas
midiendo el pulso del silencio
acorralando la blasfemia sonora
del destino.

La noche cayendo
para siempre esa luminosidad
huérfana   /mutilable

frente a la muchedumbre
cuyas lenguas yo pulso para enlutar
su diluviante luz
otra Lázara arrancada del sepulcro
oficiando
en la conocida oscuridad de la tierra
Amén.

Quién, pues, ha dicho que ocurra algo [cuando]
Jehová mismo no ha dado la orden.
Lamentaciones 3:37

Respiramos toda esa metralla
disoluta de la luz.

Aquí se queda la palabra
bajo el escombro y la meditación.

Nos inculparon.

Que no miráramos en el libro
que no dijéramos la palabra
anunciadora
que no habláramos de ti.

Prohibir   /prohibirnos
como si se pudiera enmudecer las piedras
las estrellas que van revelándote
el milagro vivo que es el hombre
la verdad que se ha vuelto
inexcusable.

Odalys Interián

Nos ultiman
nos dejan en la pira inaugural
con las manos atadas
nos ponen en el cepo
bocabajo
nos obligan a tragarnos
las palabras.

Mientras apuntan a matar
nosotros cantamos
decimos palabras saludables
de verdad
recitamos un salmo
una salutación.

Mientras el verdugo
hará rodar nuestras cabezas
cantamos y cantamos
las bienaventuranzas
rogamos y rogamos:
perdónales Padre
su ignorancia.

Crece también tú
en el entusiasmo del otro
aprende de tu hermano.
que su júbilo sea tu júbilo.

Invéntate un lenguaje
recoge la vendimia derramada
y reza al único Dios que vive.

Cubre la luz con más luz
necesitas esos manojos de claridad.
Desampárate de ti mismo
crece en el arrullo sereno de la palabra
en su preámbulo exquisito.
Sigue el rastro y la nube
que te conducirán hasta la buena tierra.
Oye como ellos oyeron
cuando los pies de los sacerdotes
tocaban las aguas y estas se retiraban
cuando miraban descender junto al maná
todo el silencio ininterrumpido de Dios.

Los hijos del regocijo van siempre delante.
Cristo el cordero de Dios
el inmolado
Luz fue. Salvación.

Les tocamos la flauta, pero no danzaron

Al mundo lo resarcimos
con la palabra diminuta
lo aprendemos en la sílaba
en su hilado resplandor.

No nos callamos
ni aplaudimos.
No silbamos
ni atemperamos las palabras
de nadie.

No cedimos
ni leímos en el hígado
del animal degollado.

Mutilamos
todas las formas masivas del silencio
y de la oscuridad.

Imperdonable sería que llorásemos.

No tendrás miedo de nada pavoroso de noche, ni de la flecha que vuela de día, ni de la peste que anda en las tinieblas, ni de la destrucción que despoja violentamente.

Nos cercan
nos hunden en el tamo congelante
de las altas tapias siberianas.

La gran Rusia juntando pueblos
que vienen desde el norte
y saquean   /y golpean
y nos arrastran
hasta sus fúnebres mentiras.

La gran Ramera incitándolos
el rencor masivo y despiadado.
El gran verbo ruso alzándose
la polka intimidante en su castrado estoicismo
en su vulgar retórica.

Ustedes no soportan el sonido de la verdad.
siguen temiéndonos.

Ustedes son algo inexistente
sus palabras nada valen
viento son e irrealidad.

Si él mismo causa quietud
quién pues, puede condenar(nos).

Odalys Interián

*Ustedes los que están haciendo mención de Jehová
no haya silencio de parte de ustedes.*
Isaías 62

No cedas compañero
más allá de todos los minutos inciertos.
Más allá de los odios del tiempo
que han manipulado.

Que no se llore
que estos dolores se vuelvan fecundos
y nos obliguen.

Oyeron que se dijo:
en Cristo somos como ovejas llevadas
a la degollación.
A pesar de las iracundas voces
del verdugo que va con su hacha afilada.
No cedas /ni te aterrorices.

Hazte poderoso por tu fe
acompáñate con la felicidad abundante
que hay en las palabras.
Vuelve a hilar la luz en su tramo y memoria
di las palabras /las buenas palabras
y deja que la vida lagrimeé su último concierto.

Jehová es la parte que te corresponde.
Háganse ustedes mismos de mucha utilidad.

y no le den silencio sino hasta que él fije
sólidamente, sí, hasta que establezca a Jerusalén
como alabanza en la tierra.

Oye como derriban
como echan abajo los cerrojos
y golpean.

En su severidad
inhumanamente
en su odio sin límite.

Oye como silencian
como estrenan el vicio
perseguidor.

Irremediablemente
ellos blasfemos.
Incodiciables como esas luces
que huyen del milagro.
como los frutos perdurables
de la muerte.

y Tú diciendo: *dónde están*
dónde están los que te cercan.

Odalys Interián

Consuelen /consuelen a mi pueblo
dice el Dios de ustedes.

Ahora los huérfanos
tendrán mi compañía
los dejados enteramente
los despreciados por tu nombre
serán mis compañeros.

Todo el que venga
todo el que invoque la verdad
tendrá mi compañía
Ahora quien dice tu nombre
es mi hermano
quien canta tu justicia
y no retrocede.

Escuchen al que dice: *Yo soy tu Dios*
Aquel que ruega*:*
Vengan a mí, yo los refrescaré.
Todo el que tenga hambre
venga y tome y sírvase
del pan de la consolación
de esta libación propiciatoria.

Nosotros persistimos
unánimes.
Renacemos en la vacuidad
de los sermones
prohibidos.

Nosotros sabemos a qué sabe la muerte.

Esta es la libertad
seguir el vuelo de esos pájaros que se pierden
tras las sesgadas luces
esos vestigios
esas semillas arboladas
en el giro espumoso del sol.

Dios es el último crepúsculo
creciendo en su avalancha de claridad
imparable.

Ahora no soy cubana
escríbanlo
déjenlo claro
no soy de aquí /ni de allá
tengo tantos hermanos esparcidos

Una es la tierra /uno es el reino.
Ahora la única frontera es Dios
el último horizonte.

Ustedes que han perseguido
mi palabra
pueden quitar de mí
todo vestigio individual
mi raza y linaje
toda la mediocridad que los alude
el título   /los títulos
mi nacionalidad.

Ahora que soy odiada Padre

Ahora que es un escombro la luz
que voy segada en la lastimadura.
Recógeme
y recoge las migajas de los días
esa corriente náufraga
en su siseo impronunciable.

A pesar de los patíbulos
de ese cadalso que levantan para mí
sigo viva
como la tórtola que va
en su agonizante crepúsculo.

Señor haz que mis huesos
se derramen en la noche.
Que derrame el polvo sus vísperas nuevas
la conjunción sagrada en su visión de paz.
Que se llenen los odres de mis venas
que se derrame como fuego
todo el silencio de tu consolación.

Odalys Interián

Tampoco estoy para melindres
ni festines insípidos
ni besos traidores
es otra pascua la que celebro
otra.

Aprendí el sonido de la verdad
un nutrido evangelio de visiones felices.

Solo puedo ofrecerme
y ofrecer la palabra
aprendí a desprenderme de la luz
de los ciclos infieles que acorralan el odio.

Recojo en las limosnas de la lluvia
ese candor dulce de los frutos
que se llenan de Dios
ese discurso que va lleno del milagro.

Las guerras de Jehová
son las que estoy peleando.

Me has embaucado Padre.
tu alma se inclina sobre mí
y sigues diciéndome:
no tengas miedo.

He entrado en tu redil
afuera están los perros
las alarmas.

Hazme como esa lluvia
persistente en su serenidad.
Hazme inservible la tiniebla
que conozca la inutilidad del dolor
y la desesperanza.

Mi propio ojo ha sido derramado
con severidad
no habrá pausas en él
hasta que expire.

Ha barboteado en mis venas
el drama humano
todo ese tiempo tuyo
desde lo inmemorial.

Este deseo
de acercarnos al caos y la indolencia
a la ira de Dios.

Esta nada en su absurdo espectáculo
el resto apuntalado de esa nada
en su bosquejo infiel.
Esta escritura que resiste
aire contaminante
aire de posesión   /aire envenenado
que irremediablemente arrastra.

Aquí se quedan las penumbras
los pájaros fríos que abandonan la luz.
Ausencia es el árbol de todos los silencios /dijo
ausencia es este deseo mercenario
que asfixia la vida en su azaroso ritual.

Lástima de nosotros hemos llegado a ser
como el rebusco de una vendimia.
Tan desolados como la aventada ceniza
de la muerte.

Esta verdad donde irá
estas luces que se sueñan distintas.
El verso que repite una parodia brutal
en esta tierra de todos.

El tiempo sigue el ruido de la sombra
todas las formas del hombre
precipitándose.

Conozco el camino de los apóstatas
de los que no entrarán en tu descanso.

He visto al hombre enteramente dejado
por su desobediencia
He visto sangrar el sol
las lucientes migajas de las luces huérfanas
el pasivo hundimiento del invierno
en su melancolía.

Odalys Interián

Estos son los interiores del silencio
los límites del polvo
el círculo donde sermonea
con su severidad el tiempo
la amalgama lúcida del tiempo
que se escurre infeliz.

Como Daniel discerní el número
y la misericordia.
Dibujé la exaltación y el ímpetu
la plaga que va sobre la viña
las legionarias sombras en su absolución.

Y dibujé la embestidura nupcial
la impenitencia
el arrasamiento y la movilidad
el ojo abierto
la sangre de Cristo
derramándose.

Pensar una flor es verla y olerla...
Porque nuestra única riqueza es ver
/dijo.

Pero nuestra riqueza es oír
porque la fe sigue al oído
y la palabra nos va despertando
del empobrecimiento
que nos hacía amar
la falsedad de la muerte.

Aprendimos a escuchar.
El viento no solo habla del viento
recoge el perfume pasivo de la luz
habla del silencio de la luz
que va masacrando las sombras.

Pensar es sentir
y sentir es palpar en los silencios
la ternura de Dios
sus manos llenándose de ojos.

Odalys Interián

Tú como esa música
como todo lo que crece y nombra
y resucita.

Ahora abierto
en el trazo de incorruptibilidad
de la ceniza.
Sobre los muérdagos apetecibles del silencio
goteas
        goteas
                palabras para mí.

Sobre los siete tiempos
indoblegable
la palabra que nos distes
abraza todo lo terrestre
tu corazón que es llama viva
sobre el temblor humano.

Pero todo corazón es un testigo
y una segura prueba de que la vida es una escala
inadecuada para trazar el mapa de la vida.
Roberto Juarroz.

Oye el espacio abierto
las estrellas que se desorganizan.

En el silencio de la piedra
escucha la emoción.

Deja que se aviente la tarde
la demencia en su feroz llovizna
el miedo en su garra infeliz.

Oye la lujuria de los prodigados silencios
el corazón en su muérdago venenoso
en su oscilante crepúsculo.

Dios en la entalladura real
sobre el rescoldo de la llama puntual
amparando nuestra indigencia.

Odalys Interián

Tiene que ser el fin del mundo si avanzamos.
Rimbaud.

Te sigo Padre
no sabes cómo son estos silencios
estas verdades del odio revelándose.
Te sigo entre todas las figuras esplendentes
atravieso mundos de cólera
esa espiral interminable en su goteo.

Vástago de la sal de Eva.
Escribo el éxodo /las figuras masivas
del aire congregándose.
Las nuevas vísperas   /los cuatro triángulos
que siguen sosteniendo al querubín.
Escribo infiernos
le doy la bienvenida a los exilios
la mano al extranjero.
Indoblegable como el polen masivo
de las lluvias
como la vara florida de Aarón
sigo el ritmo solo de la luz
en su girante caravana.

Padre oblígame a no conformarme
haz pesada esta rutina
irrumpe aquí con toda tu esperanza.

La luz dónde mostrarla
en qué codicia
las estrellas que se queman en su gloria
dónde tenderlas.

Para Dios todo es posible
para nosotros todo es irrealidad
vamos golpeando el aire
llenándonos de viento
y desesperanza.

Es imposible disiparnos
remendar el lenguaje con una sed distinta
tocar la palabra en su arcilla remota.

El tiempo y la noche
son una misma jaula en su rutina.
El mañana es una palabra
en su hollado misterio
en su mutilable crepúsculo
de divagaciones.

Odalys Interián

Qué ayunos
qué plegarias taladrarán
esta montaña de mentiras
y oscuridades.

Quién derribará las puertas
que cerramos.

Sigue el discurso hiriente de la luz.

Quién nos hará entrar
en el descanso sabático de Dios.

Quién mediará para quedarnos
en el aire abierto de la claridad
conciliadora.

   Quién.

Escóndeme, Padre
aquí yazco /atada
a esos nudos de claridades muertas.

Bajo qué fuego sigo acorralada
bajo el tumulto de himnos
que van callándose.

Corta esta sombra
que va como insípida centella
sobre mí.

Bébete el dátil maduro del aire
la simplicidad del amanecer
la orlada ceremonia que empobrece la luz.

Déjame en la huella minúscula
de todas tus ofrendas
quiero ser libada.

Odalys Interián

Aquí está la tristeza
respirándonos
esos rostros masivos
del dolor en su continuidad.

El corazón en los adioses
vulnerable
como un sol en su plaga.

Aquí se quedan las plegarias
en su muérdago y elixir la soledad
aventándose
como las viejas sombras del camino.

Aquí me quedo respirando el fango
la imposibilidad
la perfecta muerte que ronda los destinos
que nunca se escribieron.

No tardes, por causa de ti mismo, oh, Dios mío.

Jehová golpea también tú
que caigan las cadenas.

Dales de su misma ponzoña
al que miente /mentiras
al que persigue /asechanza.
Dale a cada uno lo que ha pensado.
en su amargura.

Déjalos dar coces contra un aguijón.
Desconsuélalos tú
cuando fabriquen algo perjudicial.

Cercénales la lengua.
Esta verdad no habrá garrote
que la silencie.

Salva la palabra que va resguardada
sobre el blancor diario del rocío.
Y libéranos para que la gente sepa
que existe Dios.
Para que sepan que has jurado
sobre tu pueblo:
Y no se les hará tambalear.

Odalys Interián

Al odio le pregunto
al tiempo exorcizado de la muerte.

Quién guiará esta sombra
esta sacudida en su desmayo
esta verdad de todos disfrazada.

Sitiada en la memoria del abismo.

Qué nombre me dará
la verdad que conozco.

Abbá, Padre

Tendrá fin la muerte
vívase en la gracia en que fuimos
reunidos.

Cristo /Abadón /Miquel
el arcángel inagotable
en su multiplicidad.

La palabra relumbradora
sobre los réquiems
en su caudal interminable.

II

Si Él está por mí quién contra mí.

Mi Dios y Padre
es también el Dios y Padre de Jesús
no me dejará en el sepulcro
tampoco seré traspasada.

Odalys Interián

Repite las palabras que oímos
del consolador.

Di la palabra también tú.
Escapa de los vértigos
y las inseguridades.

Esto es nada
apenas un tiempo de desolación
el recorrido sonámbulo
de esas luces
que se hunden en el fango.

Allí nos aventamos
advertimos los finales
el gesto desabrido y final
de la muerte.

Que vanidad de vanidades
es la muerte.

Que éxodo tardío
y plural
aconteciendo.

Nos quedaremos al fin
en el tramo minúsculo de la luz
agolpados
en el círculo de ceniza estridente

esperando la palabra
la voz que diga: ven
y saldremos
con nuestros cuerpos vivos
vestidos del milagro.
florecientes.

Qué es el hombre para que te acuerdes de él

Esperando
la transparencia de la luz
los mástiles reales
donde nos sostendremos.

Esperando
hasta que esa marcha de agonías
se detenga.

Hablemos del tiempo
estamos en el tiempo como en un viaje
el tiempo es uno con mi rostro
feroz tierra sembrada al límite
de la incredulidad.

Entre el símbolo y el desgarre
el ojo abierto de la herida.
Allí crece la irracionalidad
toda esa rabia del mundo

Tu palabra crea el silencio
todas las purezas de la nieve y de la rosa.
Tu cuerpo es el cuerpo del misterio
y cabe en él
todo el resplandor de la esperanza.

Sigue el hundimiento y la visión
los acorralados por ti
frente al mar y la nube.
Y me río de la simplicidad del agua
de esos muros que siguen cayendo
sin tocarnos.

Odalys Interián

La mujer de Lot

Entonces miraba hacia allá
hacia el valle de sombra
de muerte.

Mis ojos seguían
colgándose
del gesto descarriado
de la luz.

Seguí mirando
esas simulaciones odiosas
que se guarda la calma.

Y era apetecible como un fruto
aquella lisonja mercenaria
el cortejo inmoral que crecía
bajo la podredumbre.

Mímica somos
fuimos destruyendo el disfraz
los sueños amontonados.

Las palabras nos encuentran
la frágil cordura del milagro.
Y no tenemos más rastro que la letra
ni más vestigios que la lenta amargura
de todos los días.

La herida revela nuestra transparencia
ese ramaje en su limbo de nuevos augurios.

Nos conoce el polvo
conoce la sangre la profecía.
Irá derramándose en su denunciación
el tristísimo pájaro que esconde la luz
esa lluvia liviana en el rigor del tiempo.

Odalys Interián

Al ángel terrible
que bebe en la belleza
la vieja escaramuza
hilada al ser y las palabras.

Aquella pesantez de la memoria
sobre las cenizas.

Gestándose
los goznes excéntricos del amor
en su extenuada soberbia.

Y somos sólo cáscara
tamo aventado
un viento empinado en su raíz
de muerte.

Y solo quedan las fibras abiertas
de la soledad
la pobre vida avejentándose
en el viejo cajón de las fotografías.

Al ángel en su irrigada sombra
en su espeluznante
crepúsculo.

Airado como un signo
en su tormenta
inconsolable.

Al triste ángel que habita los gemidos
esa miseria que es la sombra.

Ausencia es la luz
encerrada en su masiva tempestad
la raíz armónica del silencio
desangrándose.

Odalys Interián

Ángel del desvelo
que escribes
las impares melancolías
de los días
ese remanso distinto de la luz
sermoneadora.

Desconsuélanos tú
con la palabra que tintinea
sobre el vidrio
y la fragilidad
del sol.

Creo en el que se hizo carne
y permaneció
y no pudo desvanecerse.

Seamos como él
aprendamos el secreto
del ofrecimiento.

Él cruzará el umbral de todos los crepúsculos.

Las hachas oscilantes
no nos tocarán
ni los puñales.
El pan que descendió
lluvia fue /alimento.

En él seguirán quebrándose
las espigas gemelas de la oscuridad
todo el larguísimo paisaje de la muerte.

Odalys Interián

Qué poder puede haber ahí
Árbol de la noche
Árbol que germinas en la sombra
de las ingratitudes.

Hasta el sepulcro busca su lindero de gloria.
Hasta los pájaros se apresuran a caer
en el rancio atardecer.

Una senda hasta Dios
empieza en mi plegaria.

Alguien rodará hasta el patíbulo
y nos librará.

También estos ojos pulverizados
buscan en el deshoje de todos los días
un renovado Edén.

Son cosas de dioses decían
y seguían en su ir
hacia la desmesura.

Tan leve
tan simplemente enfermos
tan poca cosa les parecía el amor
y la verdad.

Esto es lo nuestro decían.
y esto:
era un poco de levadura
haciendo fermentar toda la masa.

Odalys Interián

Medianoche de la muerte
que alba temprana te saluda.

Quién nos cortó la tiniebla
y anudó de nuevo la esperanza
y fue despojando lindero a lindero
los tramos de oscuridad
la inútil muerte.

Aquí nos respira la desolación
la infinidad de crepúsculos
hollados.
Aquí se repliegan
los ángeles de la oscuridad
los innumerables deshojes de las luces
huérfanas.

Sobre los púrpuras
tintineando
sobre las rosas
la sangre vertida del cordero
de Dios.

Ahora mi nombre
el triste augurio de mi nombre
convocándolos
la tibia oscuridad de las palabras
en su absoluto frenesí.

Ahora todo es mío en él
la luz   /la mañana
la tarde en su única preñez.
Y es mío el mar
la redondez concisa de la tierra
el tiempo prefijado de la muerte.

Sin embargo siento
que no me pertenezco.
Sigo desposeída /nada soy
nada tengo.
Soy una nada en su abierta mitad
un agua sorda en su mutilación
un abortado crepúsculo
disipándose.

Odalys Interián

Si falto no podré ser contada.

La luz empezó en ti
la luz en su candor
la vida.

Déjame derramar palabras
que te sirvan de ungüento.

Jesús rey mío
también yo toco un salterio para ti.

También yo me ofrezco
en el día de tu fuerza militar.

Tú llamarás y yo mismo te responderé.
Job 14

Como a Job ponme un blindaje
que siga el cerco sobre mí
las cosas de tu amor.

Haz que olvide las llagas lacerantes
los hijos que me faltan.

Ahora que se esconden los amigos
que soy dejada enteramente
a pesar de esos perros
que lamen las heridas
a pesar del dolor
del tiesto inservible
de lo que está por llegar.

No deja de florecer la esperanza
a la que sigo aferrándome.

Tampoco quitaré mi integridad
que importará la muerte
que importará
el breve tiempo de la muerte
en su desgarradura.

Odalys Interián

Ahora que sigo amedrentada
como un animal.

Exorcizada bajo el disfraz
que lleva la palabra.

Sigo en espera del buen
samaritano
que cure mis heridas
de la palabra frondosa
del salmo que taladre
los desmanes de la obscuridad
esa corriente náufraga
en su abismal silencio.

Me despojaron de todo
sin matarme.

Soporté las siete mentiras
los cuchillos hundiéndose en mi carne
el golpe atroz de la llovizna.

Soporté la mugre
la indiferencia urdida
las trampas que empalaban los inviernos.

Padecí sin cansarme el sinsabor
y la pérdida
el terrible nudo y avispero
que era la soledad.

Pero nada me rompe tanto como una palabra
el tizne de los muertos que rugen en la noche
el negro gusano que se come la vida
en los hondos abismos de la ausencia.

Celebra
la audacia de vivir
en esa intolerancia de los miedos.

Deléitate en saber a quién le debes
quién te organiza
empéñate en lo bueno
y agradece.

Florecerá
ese ramaje íntimo del corazón
en la plegaria.

Florecerá lo bueno
en su nácar la luz
en su tambor de tiempo
florecerás.

Celda y espejo

Me juzgarán entonces
los nulos reflejos que trae la oscuridad.
Los hijos en su espléndida certeza.
Después será lo heroico
Seguir bajo las luces soleadas del disparo
y las melancolías.

Empalada bajo el ayer sonoro
que raja la cortina de los cielos.
Domesticando el miedo y la cordura
al animal que encierran los silencios.

Después una verticalidad
otra muerte.
Seguir intocable
prodigada
bajo el desenfreno de las luces
mientras resbala en su lluvia
como pez devorado mi soledad.

Odalys Interián

Hay una hebra de esperanza
para este día
el olor de los frutos
bajo las luces nuevas.

Y hay otra arquitectura
de soñada transparencia
que desborda la lluvia en el peral
las campanas en sus múltiples visiones.

Y hay lo soleado
en la espesura caliente del amor.

Un trueno dulce de palabras
de buenas palabras
derramando el corazón
un puñado de pasiones selectas
una orgía de cantos alegres.

Y se hará el canto.

Habrá un regocijo y vísperas
cielos derramados en su espiga.

Habrá violines tragándose el silencio
y se abrirán las noches
nuevos soles
en su danza y memoria.

Será lo pulcro de la luz
ese volcán del amor purificado.
Y será la cena
un mediodía mayor
Hombres juntándose bajo los algarrobos.

Y reventará la muerte en su diluvio
y será la vida
nacerán en su júbilo las razas
todo juntado y armónico.

Y en lo sabático del verbo
florecerá Dios
innumerable.

Odalys Interián

No sé qué circo
viene a colgarnos de la muerte
qué odio se vuelve eco de otros odios.

Sigue el hombre
en esa ceguera larga que es la soledad.

Repárteles la noche
repárteles la sombra que les gustó
ahí estarán sus sembradíos.

Y dale a cada cual según su perdón
el pan /el vino prodigado /sus limosnas
dales el poema /la sílaba viva
excomulgando el sol
las flores tiernísimas del silencio
en su espacio insalvable.

Jehová bebe este letargo
la noche
que pulula infernal
mala semilla.

Crepúsculo a crepúsculo
déjate adivinar.

Y bébete la sombra
el vértigo final
todo el plazo intocable de la luz
cuando agonizo.

Odalys Interián

Solo hay escombros
un nudo de letargos creciendo.

Nadie ve esta desolación
los lazos invisibles
que se tienden como red.

Nadie consigue separar la realidad
de lo muerto.
Y seguimos arrojados
golpeados por el mismo aguijón.

Seguimos barro desamparados
embaucados por ti
por esa verdad que junta
y nos obliga.

Ahora el dolor nos explica
y la melancolía.

No lo vuelvan a poner
en el pesebre
no es un niño
es rey
no lo pongan en la cruz
no lo fijen otra vez
no lo claven.

Dejen de aullar y golpearse
dejen de musitar
bajo las máscaras piadosas.
Ahora es el chorro plagiario
la oscuridad de bestias amontonadas.

No caigan en el miedo es una trampa.
Alégrense.
Ahora son los doce reinos de la luz
repartidos.
Abriéndose los cielos.
Cristo el expulsador
en su galopada apocalíptica
en su caravana devoradora
acercándose.

Odalys Interián

*Por poderosa sangre voy llamada
a un latido constante de temblores.
Carilda Oliver Labra.*

Cantábamos
el tiempo de la herida y la azucena
nos respiraron las migajas
el tiempo roto de la Isla
y de la muerte.

Cuántas palabras vivas
qué pascua abierta era el amor
en su desorden
la fábula perenne de la noche
altisonante.

Al hombre cantamos
a la fruta incierta de sus voces
a su plagiario corazón
minándonos el sol /la sed
la maravilla.
Cantábamos la luz
la soledad en su abierta raíz
ingobernable.
Bajo el puñado de sombras
al unísono
cantábamos el sueño
y la esperanza.

La verdad me conoce
le di mis voces
ese amparo dulce de la palabra
en su candor
esta piedad recíproca
reconciliante

la amé
sufrí   /me golpearon
fui despojada

La verdad eran los pájaros
y la luz
y era Dios
modelándome barro
fragilidad
poesía.

Odalys Interián

Esto era la vida
entre todas las cosas que escogimos.

Aire en el aire
otro puñado de sol.

La tierra en su voluta de paz ignorada
el mismo paisaje en su hundimiento.

Todo nos respira
el viento en su candil
el tiempo en su cosecha de pájaros
y trigo disecado.

Ay... cuanto ay
y si gritáramos
y si aplazáramos
la miserable migaja de la muerte.

Quién nos respondería.

Soy todo el tiempo
demora en mí el corazón
esas gaviotas en sus vuelos.

Respira el origen
la sed que encrudece
las tristezas.

Cruza el lirio
de mi cuerpo la lluvia angosta
que ciñe las voces diminutas
los páramos /las mitades trasparentes
de mi sangre.

Y léeme
el verso es esa eternidad
sangrando lunas
en lo abierto del silencio.

Odalys Interián

Este poema se llena de gaviotas
de perros vagabundos
de noches en su triste florecimiento.

Estamos muy enfermos por eso escribo
sobre el montón de silencio y cruces
sobre la oscuridad en su ilícita semilla
de silencios malformados.

Voy a nombrar el caos
la fiebre pendular y cómplice
como si lo que nos quedara por decir
fuera esta devastación
como si no hubiera más que un doler
y un dolor.

Escribo sobre la cal
caen letras /soles terribles.
Escribo fiebre y parábola
la enervación hilada de la vida
esa abominación que es el hombre
cuando devora al hombre.

Ahora la palabra
dónde ponerla
sobre qué tiempo
sobre qué aire.

Esta lluvia que abandona
el trazo severo del silencio.

Esa miga del sol
dónde ponerla
el aleteo.

Dónde dejar la luz
sobre qué fauces
dónde poner el miedo
que rompe en mi garganta
un ramo de plegarias.

En qué paz sangrienta
dejaremos el corazón
esta tierra que se hunde.

Odalys Interián

I
Tú abres las visiones del mundo.

Siento el tránsito de todas tus palabras
taladran mi sangre las nuevas agonías
los silencios que escribo.

Qué descolor unánime.
Todo se sujeta a esta verdad que invoco.
Creo en lo que todavía no ha sido revelado.

II
Callarse es rendirse.
Solo el silencio nos deforma.
Anuncien
              anuncien
                            anuncien.
Ritmen la heredada visión
la luz en su agónico espejismo.

Es vértigo la realidad
el corazón que sobrevive a la ausencia.
También la soledad es otra desgarradura
ese llanto que rompe las vigilias.

Del apocalipsis fue la charla.
de mi Dios
de la repetición y el exterminio.
Del pulimiento de la espada
y del degüello.

Del granizo fue.
De la expiación del verbo.
De los ángeles en la ascensión
goteantes en su cólera.

De lo juntado y la infidelidad
del santísimo fue
y del florecimiento.

Del cuerno de David
y la misericordia.
De lo sanado fue
del pasto que viene a ser la luz
de lo plantado
y la germinación.
De la ira yendo a su descanso.

Odalys Interián

*Porque eres como el sol de los ciegos, Poesía,
profunda y terrible luz que adoro diariamente.
Alejandro Romualdo*

Y eres como el mar Poesía
como esa cofradía de peces que resisten
el duelo amargo de las profundidades.
En ti las albas golpeadas
los corredores de la luz iluminados
por el fuego del primer verano.
Eres como el pan de todos repartida
cielo /memoria   /sol
un sol en su pandemia de luces tristes
desarropando lluvias.
Vives en el tacto traslúcido de la sombra
bajo el filón tranquilo que devora la tarde.
Toda llena de noches y viciadas penumbras
toda llena de danza.
Hasta dónde iras / hasta qué desgarre.
El amor nos duerme al borde de un cuchillo
el amor lleva las cifras heladas de la muerte.
Pero tú poesía has disuelto la lluvia
en tu campana de otoño
el magma y gorjeo infeliz de todas las plegarias.
Has suplantado el lenguaje con tu sangre.
Has dejado que la muerte presente su verdad
para callarla.

> *Sólo el amor me deje sin palabras.*
> *No he de callar. He de seguir trenzando*
> *mi canto. Como un nudo en la esperanza.*
> *Alejandro Romualdo.*

Poesía en esta lluvia
en este trágico alarido que desespera la noche
en este pequeña ceremonia no está la verdad.
Aun así libérame
los puñales del amor están todos sobre mí
la palabra canta como si fuera fuego.

Palabras invariables como el amor
ardiendo.
Las palabras de la muerte.

Quién dice sombra nos mentirá.
Poesía está en ti la llama inabarcable de la luz
en su último duelo.
En ti la mañana en su estertor naciente
el mar en su espectro y memoria
zurciendo los naufragios.
Recógeme
no dejes que me calle
recoge el fruto   /el corazón hilado en los puñales.

Poesía libérame.
Quiero seguir cantando la esperanza.

Odalys Interián

Muerte, ¿dónde está tu victoria? Muerte,
¿dónde está tu aguijón?

Por qué miras muerte con estos ojos míos
qué rememoras
diluye estos andrajos que visten el amor
dilúyeme la luz que duele
los escombros pasivos que acobardan el aire.
Contémplame casta
en el charco tremendo de la luz
donde se contemplan las bestias del silencio.

Por qué hablas muerte con mi boca
y enciendes la parábola
por qué callas al ángel
y vas minando al hombre
con un residuo de memorias fatales
con un gesto de agonía final.
Qué lastre tu lastimadura
qué poca tú
qué tanta muerte en la muerte
tu victoria.

Tierra mía reconóceme cadáver
reconoce la sed
el tramo impuro del sol
que hierve en mi cabeza.
Aquí el silencio en su batalla
el tiempo exacto de la muerte
indetenible.
Luciérnaga
bajo las cuatro estaciones de la sombra
el mar también me llora
exhibe una soledad llena de viento
de guijarros que van desvaneciéndose.

Aquí es la oscuridad
un huracán de signos abiertos
sobre las lágrimas.

El silencio como un animal terrible
mueve su garra   /se aproxima.
Ahora es el miedo
la noche rueda sobre mí.
Ahora puedo mostrarme
mostrar mi corazón
la puñalada que está
desoyéndome.

Que inunde todo el pájaro
que llega a mi ventana
que ruede sobre el viento la sombra
la estación de luto empobrecida.

Puede el Dios de las palabras
permanecer callado.
La realidad lo llueve
la permanencia.

Que el amor golpeé
su semilla de lluvia
y amanecer.

Que el amor nos cure
la vigilia sin duelo
que sermonea a la muerte.

avanzo mientras dure lo que existe para siempre.

Que toquen tus ojos mi oscuridad
sígueme en la fila de palabras reales.

Que se quede en mí
el círculo santísimo de tu luz
en su frescura y diluvio.

Padre tú no mueres
la muerte es huérfana en ti.

Tú eres mi reino implacable.
Eres mi paraíso
el sitio donde puedo encontrarme.

Haces que vislumbre mi pequeñez
el reflejo adolecente de la luz
trozos de poesía
enajenando la sombra.

Odalys Interián

Todo acordonándose
inalterable /viciado /roto.
Todo en su llovizna persistente
en el disloque.

La palabra envenenada
en que transcurre la tarde.

Un agua cayendo
el agua bautismal
la misma ceremonia

el hombre en su discurso
de bienaventuranzas.
El incienso en su pequeña oscuridad
esa polaridad del deseo
quebrándose.

El sinsabor de la mentira
señalando la herida y el silencio
la muerte en su infantil gorgeo.

Que el verso sea lluvia
engendradora
que la palabra suene
y ronde los aullidos
las escasas penumbras
donde se siembra el odio.

Que el hombre sea poema
y vibre como el sol.

Que vayan los himnos
los racimos del ser
a ofrendarse.
Poco a poco la luz
su gravedad real
llenándose de asombro.

Que florezca el poema
en su casta de libertades
esos desiertos de la sombra
en su largura y espanto.

Odalys Interián

Mueve su voz
mueve los astros
las palabras que van a su figura
al torrente singular de los desvelos.

Mueve la letra
oscilación y cifra en su largura
en su caída sutil hacia la noche.

Sobre su paz nárrale el silencio
mueve su aorta y ritmo
aciclonado néctar
la vena en el cilicio y los recuerdos.

Costra en la costra infeliz
del tiempo
mueve lo trillado del signo
dardo y esquirla el verano
ensanchándose
Dios sobre la crispadura
sobre las dos mitades pasmosas
de la luz.

ÍNDICE

POEMAS PARA TOCAR A DIOS
Palabras preliminares /11
VOZ DE TORBELLINO Y DE AGUA FRESCA /17
Jehová me retiene /20
Este es el libro de las consolaciones /27
Y fue la luz/ 28
Algo está en la letra /29
Iba en la sílaba el veneno/30
Habla verdad /31
Inconsolable el hombre /32
Toda felicidad es inocencia /dijo /33
Estemos listos /34
Ve como arde este rumor /35
Escribo para tocar a Dios /36
Antes de ser engendrada /37
Como Huldá fui escogida /38
Lo que ves escríbelo /dijo /39
Toca esta lepra y límpiame /40
Antes que llamaras Señor/41
Esta verdad donde ponerla /42
Traza ahora desde mi ser al mundo/43
Dios mío la cruz /44
Jehová corta este tocón/45
Como David he visto la mañana /46
Señor, he sujetado el ángel /47
Amé Padre /48
Quién me callará /49
El amor habla por mi boca/50
Los heridos somos tanto Señor/51

Odalys Interián

Jehová todo lo que me has dado/52
Amor la palabra de todos /53
De la cruz/54
Tú que subes /55
Está sucediendo /56
De que temí, sí /57
Yo que veo tus ojos/58
Como se va llenando el aire de ti /59
Como la lluvia que va /60
Tomen lo que quieran de mí /61
SOY Y ESTOY PLANTADA /62
Estamos aquí/64
Estaba en ese péndulo viciado /65
Mañana me arrastrarán hasta el foso /66
La oscuridad sigue aquí /67
Soy reahallada padre /68
Respiramos toda esa metralla/69
Nos ultiman /70
Crece también tú /71
Al mundo lo resarcimos/72
Nos cercan/73
No cedas compañero/74
Oye como derriban /75
Ahora los huérfanos /76
Nosotros persistimos /77
Ahora no soy cubana /78
Ahora que soy odiada Padre /79
Tampoco estoy para melindres. /80
Las guerras de Jehová/81
Este deseo /82
Esta verdad donde irá/83
Estos son los interiores del silencio /84
Pero nuestra riqueza es oír /85
Tú como esa música/86

Oye el espacio abierto/87
Te sigo Padre /88
La luz donde mostrarla /89
Qué ayunos /90
Escóndeme, Padre /91
Aquí está la tristeza /92
Jehová golpea también tú /93
Al odio le pregunto /94
Abbá, Padre /95
Di la palabra también tú. /96
Que vanidad de vanidades /97
Esperando /98
Hablemos del tiempo /99
La mujer de Lot /100
Mímica somos. /101
Al ángel en su irrigada sombra /102
Ángel del desvelo /103
Ahora la vieja escaramuza /104
Creo /105
Qué poder puede haber ahí. /106
Son cosas de dioses decían/107
Medianoche de la muerte /108
Ahora mi nombre /109
La luz empezó en ti /110
Como a Job ponme un blindaje /111
Ahora que sigo amedrentada /112
Me despojaron de todo /113
Celebra /114
Celda y espejo /115
Hay una hebra de esperanza. /116
Y se hará el canto. /117
No sé qué circo. /118
Jehová bebe este letargo /119
Solo hay escombros. /120

No lo vuelvan a poner en el pesebre. /121
Cantábamos. /122
La verdad me conoce /123
Esto era la vida/ 124
Soy todo el tiempo /125
Este poema se llena de gaviotas /126
Ahora/127
Tú abres las visiones del mundo/128
Del apocalipsis fue la charla. /129
Y eres como el mar Poesía/130
Poesía en esta lluvia /131
Porque miras muerte con estos ojos míos/132
Tierra mía reconóceme cadáver/133
Que inunde todo el pájaro /134
Que toquen tus ojos mi oscuridad/135
Todo acordonándose/136
Que el verso sea lluvia /137
Mueve su voz/138

Biografía.

Biografía

Odalys Interián Guerra (La Habana, 1968), poeta, y narradora cubana residente en Miami, dirige la editorial Dos Islas. Tiene publicado los libros: *Respiro invariable, Salmo y Blues, Sin que te brille Dios, Esta palabra mía que tú ordenas, Atráeme contigo, Acercamiento a la poesía, Nos va a nombrar ahora la Nostalgia, Donde pondrá la muerte su mirada, Te mueres, se mueren, nos morimos, Aunque la higuera no florezca, esta es la oscuridad, Un gorjeo de piedra para el pájaro ciego,* entre otros. Su obra poética y narrativa ha aparecido en revistas y antologías de varios países. Premiada en el prestigioso Concurso Internacional Facundo Cabral 2013 y en el certamen Hacer Arte con las Palabras 2017. Primera mención en el I Certamen Internacional de Poesía "Luis Alberto Ambroggio" 2017 y tercera mención en el mismo concurso de 2018. Fue merecedora del segundo premio de cuento de La Nota Latina 2016. Premio Internacional 'Francisco de Aldana' de Poesía en Lengua Castellana (Italia) 2018. Premio en el concurso Dulce María Loynaz, (Miami 2018), en la categoría Exilio.

Made in the USA
Columbia, SC
18 May 2023